ADMINISTRAR, HOJE

ADMINISTRAR, HOJE

LUIZ ALMEIDA
MARINS FILHO, Ph.D.

editora HARBRA ltda.

Direção Geral:	Julio E. Emöd
Supervisão:	Paulo de Tarso Simões de Almeida
Coordenação e Revisão de Estilo:	Maria Elizabeth Santo
Assistente Editorial:	Vera Lucia Juriatto da Silva
Capa e Ilustrações:	Roberto Negreiros
Fotolitos:	Idealcolor Reproduções Gráficas Ltda.
Composição:	Takano Artes Gráficas
Impressão e Acabamento:	Cromoset Gráfica e Editora Ltda.

ADMINISTRAR, HOJE

Rua Joaquim Távora, 609 - Vila Mariana - São Paulo - SP
Telefones: 549-2244, 571-0276 e 571-1122

Impresso no Brasil *Printed in Brazil*

CONTEÚDO

AGRADECIMENTOS

Este livro não teria sido possível não fosse o apoio que tenho recebido, ao longo destes anos, dos amigos do Grupo Verdi, especialmente do Sr. Waldemar de Oliveira Verdi e Dr. Waldemar Verdi Júnior, competentes gestores de um dos mais dinâmicos e empreendedores grupos empresariais brasileiros. A eles, pelo apoio e pelas lições que tenho recebido, a gratidão sincera.

Ao amigo de todas as horas, Paulo de Tarso Simões de Almeida, pela sua dedicação e denodo na composição visual e nas opiniões sempre abalizadas de quem conhece e brinca com o espaço visual e ao Nilton Dias Boarato, pela sua paciência nas lides gráficas, o agradecimento de quem reconhece o valor do trabalho e da amizade com que tem me prestigiado.

Aos amigos Mauro e Cássio Saddi, e Amarílio Macêdo pelo apoio e pela amizade; e a todos os clientes da Anthropos Consultoria que sempre incentivaram a produção do "Socorro! Tenho um Sócio" e deste livro, o meu reconhecimento e gratidão.

Agosto, 1988.

AOS ANTROPÓLOGOS E EMPRESÁRIOS:
COMO SERIA BOM SE CONVIVESSEM MAIS.

INTRODUÇÃO:

A VELHA VERDADE DA NOVA EMPRESA

Parece mentira, mas desde 1972, quando terminei meus estudos de pós-graduação em Antropologia e me interessei profundamente pelos estudos das empresas como "grupo social", venho falando a mesma coisa: O sucesso empresarial está no Capital Humano e não nos recursos materiais somente, nem mesmo na tecnologia.

A verdade é que poucas empresas brasileiras conseguem enxergar essa velha verdade. Nossa empresa é predatória no que se refere a seus recursos humanos. Os empregados são recrutados para uma **tarefa** e não para a empresa como um todo. Ao primeiro sinal de qualquer retração de mercado ou coisa que o valha, manda-se todo o capital humano embora para depois fazer-se, quando Deus quiser, novo recrutamento. Assim o empregado brasileiro não se identifica em profundidade com sua empresa ou com o produto que a empresa produz, comercializa ou com o serviço que ela presta.

A verdade, nua e crua, infelizmente, é que grande parte dos empresários brasileiros riem quando se fala em valorização de seu pessoal. Os empresários acham que empregado precisa de emprego e ponto final. Os incentivos, a motivação para o desempenho elevado de suas funções, isso tudo são coisas de "poetas" e antropólogos que não sabem como conseguir lucro, dinheiro etc.

Dou treinamentos, faço seminários, cursos para diretores, gerentes etc., desde 1976 e, na verdade, quase nunca fui tomado muito a sério. As propostas que sempre fiz foram sempre tidas como "onerosas" e sem retorno imediato, portanto, logo descartadas. É claro que nunca diziam isto na minha frente mas na verdade poucas empresas implantavam, naquela época, o que eu sugeria.

Cinco anos depois, a partir de 1981, começaram a surgir os primeiros relatos sobre o sucesso das empresas japonesas no mundo todo. Em 1982, surge o grande "best-seller" americano "In Search of Excellence" traduzido no Brasil por "Vencendo a Crise". Em 1983 aparece, também nos EEUU, um livro chamado "The Next American Frontier". E todos eles, sem exceção, apontam como base fundamental do sucesso empresarial, a valorização do capital humano em todos os sentidos.

Quando o sucesso japonês começou a ser divulgado nos EEUU, americanos e demais ocidentais diziam que "aquilo podia dar certo lá no Japão, mas nunca no Ocidente". O livro-pesquisa de Waterman & Peters mostrou, porém, que esses mesmos valores encontrados nas empresas japonesas formam as razões principais do sucesso das maiores empresas americanas em toda a história, tais como a IBM, 3M, Procter & Gamble, Caterpillar etc. etc.

E agora?

Tudo o que os "poetas" diziam e sugeriam que fosse feito. Tudo o que os "antropólogos" diziam para fazer, e que não trazia lucro algum, é mostrado como sendo os fatores fundamentais da lucratividade e sucesso empresarial das maiores empresas do mundo, tanto orientais como ocidentais.

Agora, 15 anos depois e talvez por imitação é que começam as empresas brasileiras a querer implementar as opiniões que sempre demos. E ainda assim, custam a acreditar na validade das medidas que visam à valorização do homem no emprego;na motivação completa para o trabalho; na valorização da ação e do "feeling" mais do que da valorização de papéis, memorandos, quadros estatísticos etc.; na importância da comunicação aberta, sincera, sem ruídos entre os níveis hierárquicos numa empresa; no envolvimento da família do empregado em sua vida empresarial; no respeito às características de oralidade do homem brasileiro; na falácia da chamada "economia da escala" quando se quer sempre ganhar tudo sozinho; na importância em se ter pouca gente mandando e se abolir tantos assessores, "staffs" e outras inutilidades; na importância em fazer de cada empregado um membro participante-ativo do dia-a-dia, dos objetivos, das metas da empresa etc.

Modéstia à parte, tenho apostilas de 1972 que falam de tudo isto. Achavam que eu estava louco!

Quando eu dizia que o maior sucesso de uma empresa está em uma completa "identificação" com o cliente, muitos empresários diziam que "clientes" só servem para criar caso! "Fiz várias vezes exercícios de apropriação de tempo com executivos e verifiquei que eles passavam semanas sem se envolver com clientes diretamente. Só se envolviam e só se envolvem, infelizmente, com papéis!

Quando eu dizia que o homem precisa de uma razão maior, uma filosofia mestra, que justifique seu esforço numa organização empresarial, pois do contrário não consegue se motivar, diziam que isso era coisa de "filósofo" e não de empresário...

Infelizmente, na posição de consultor, de assessor, a única coisa que se pode fazer é opinar. Não há como se implantar numa empresa-cliente,coisas em que o próprio dono ou diretor não acredite ou que não esteja preparado para entender.

Assim, ainda hoje, vejo com tristeza empresários acreditando-se espertos, matando a própria galinha de ovos de ouro. Matando seus parceiros de negócio, pensando e agindo com uma visão de Mr. Magoo,isto é,curtíssima, míope. Querem ganhar tudo hoje, esquecem-se do amanhã, do depois. E quando virar, e vai virar, a reação virá ainda mais forte, a quebradeira, a choradeira será maior ainda, é claro.

A verdade é que o **sonho acabou**! A triste realidade brasileira de uma empresa pobre e um empresário rico, tirando tudo dela e empregando em outros negócios, tinha que acabar um dia.

Uma das coisas mais absurdas e que ouço com freqüência de empresários é a pergunta:
"– Marins, onde Você acha que eu devo aplicar o meu dinheiro?"
E eu sempre respondi e respondo:
"– No seu negócio, é claro!"

Mas nem ele, empresário, acredita no negócio dele que vai mal à beça, graças a essas retiradas para investimentos em um "negócio melhor".

Esses empresários não enxergam que enquanto procuram outro negócio para investir, outros empresários, de outros ramos, com a mesma mentalidade, estão investindo no seu atual ramo de negócios. Pergunto:Por que não concentrar-se onde já entende e tem experiência?

E todo mundo se mete em negócios que não entende e dá com os burros n'água, enquanto o seu negócio principal toma recursos emprestados a juros odiosos para poder sobreviver e sucumbe!

Um dos exemplos mais claros dessa realidade é ver o orgulho, até certo ponto infantil, de empresários brasileiros que gostam de ostentar a sua lista de empresas: 10, 20, 30, 40 empresas!

Quase todas fictícias, não-rentáveis, capengas. Por quê? Seria o mesmo que colecionar carros trombados, que não rodam, só para dizer que temos 20 carros! Quantos dos 20 rodam? E aí começam os investimentos supérfluos como construir uma garagem para as 20 sucatas etc. Seria melhor termos 2 ou 3 bons. Tudo seria mais fácil e cristalino.

Mas o espírito mercantilista do empresário nacional e sua megalomania não permitem fazer de sua empresa uma entidade transparente, simples. Ele quer coisas complexas, complicadas, "aparentes", não importa o conteúdo, o que vale é o continente.

Mas, como o sonho acabou, creio que o difícil caminho do aprendizado de ser empresário tenha agora que ser percorrido, pelo menos por aqueles que desejam sobreviver. E esse caminho, se não for percorrido, trará a morte às empresas que não compreenderem a "velha verdade da nova empresa".

O SEGREDO DO SUCESSO EMPRESARIAL, EXISTE?

Os anos 80 têm sido de uma riqueza ímpar para a administração de negócios. Várias pesquisas começaram a surgir a partir do final da década de setenta e tiveram ênfase editorial no início desta década. Nestes últimos anos, ficamos conhecendo o grande sucesso das empresas japonesas e pesquisamos exaustivamente esse sucesso. Ainda em 1982, um novo livro surgiu tratando do segredo do sucesso das empresas americanas de alta lucratividade e eficiência, ou ainda de "alto padrão".

Desde a "Teoria Z" de William Ouchi, passando pelo "As Artes Gerenciais Japonesas" de Athos & Pascale, lendo a "Economia Japonesa" de G.C. Allen, o mundo ficou literalmente aturdido ao conhecer mais de perto o segredo do sucesso japonês. Depois de revelado esse segredo, muitos ocidentais ficaram imaginando que o sucesso empresarial seria um privilégio dos japoneses. Esse segredo na verdade era o trabalho em equipe, a valorização do empregado, o reconhecimento das obrigações da empresa para com a sociedade, o envolvimento familiar na empresa e uma atenção muito grande ao cliente e à qualidade do produto.

Nessa época em que os livros sobre os japoneses vieram à luz, os americanos ficaram com um sentimento de inferioridade muito grande. Já haviam passado pela desastrosa guerra do Vietnã. Já haviam sofrido o "Watergate" e agora lhes era dito que a empresa japonesa era melhor administrada que qualquer empresa americana.

Eis que em 1982, um novo estudo surgiu, desta feita pelos engenheiros Waterman & Peters, que fizeram um estudo das 36 empresas americanas de maior sucesso, em todos os ramos de negócio, e que demonstrou que também as empresas americanas de sucesso seguiam, com algumas diferenças de estilo, as mesmas normas de sucesso das empresas japonesas. Assim, o sucesso empresarial deixou de ser privilégio dos japoneses. Esse livro, chamado em inglês "In Search of Excellence"(À Procura da Excelência) foi traduzido no Brasil com o título "VENCENDO A CRISE".

Nesse estudo, Waterman & Peters mostram qual é o real segredo do sucesso de empresas como a IBM, CATERPILLAR, DISNEY, DELTA, DANA CORP., PROCTER & GAMBLE, HEWLETT-PACKARD, 3M, XEROX e outras e terminam por selecionar oito atributos que estão presentes em TODAS AS EMPRESAS DE SUCESSO E ALTO PADRÃO pesquisadas. Neste capítulo, vamos dar uma olhada nesses atributos e discuti-los frente à nossa realidade:

1 – UMA FORTE ORIENTAÇÃO PARA A AÇÃO

Nenhuma empresa de alto padrão e lucratividade espera que o mercado a arruíne. Elas vão à frente do mercado, elas tentam mais, elas experimentam mais, elas não ficam paralisadas pela análise e indecisão constantes. Elas decidem rapidamente e testam no campo suas possibilidades. Elas são muito rápidas na ação. Elas saem de dentro de si e vão para a sociedade, propondo novas formas de ação.

2 – UMA LIGAÇÃO TOTAL E COMPLETA COM O CLIENTE

Uma das mais fortes características das empresas de alto padrão é a sua ligação com o cliente, não para explorá-lo mas para defendê-lo, para servi-lo. As empresas de alto padrão são verdadeiros serviços de defesa do consumidor. Elas são as primeiras a ouvir as queixas dos clientes e antecipar os seus desejos. Elas prestam o melhor serviço possível a seus clientes e essa é uma preocupação absolutamente visível e permanente. Tudo é feito tendo-se como preocupação maior o atendimento excepcional ao cliente. Isto é feito de fato e não só de "boca" como em muitas empresas que conhecemos.

3 – PERMITEM AUTONOMIA E INICIATIVA DE SEUS EMPREGADOS

Nas empresas de alto padrão e alto desempenho, os empregados são estimulados a "opinar", e é dada a eles a necessária autonomia para que criem coisas novas e novas formas de se fazerem as coisas. A iniciativa e a criatividade são premiadas, ao invés de punidas, como na maioria das empresas de baixo padrão, onde "ter idéias novas é crime". As empresas de alto padrão criam um verdadeiro clima de autonomia e iniciativa entre seus empregados.

4 – RESPEITO PELOS EMPREGADOS E PRODUTIVIDADE ATRAVÉS DAS PESSOAS QUE COMPÕEM A EMPRESA

Nas empresas de alto padrão, há um claro reconhecimento de que uma empresa não é um conjunto de móveis, máquinas e recursos financeiros, mas sim, um conjunto de PESSOAS, SERES HUMANOS que fazem tudo isso funcionar harmonicamente ou desastradamente. Assim, essas empresas alcançam a produtividade através de seus funcionários. Os funcionários são tratados como o mais importante fator de produtividade da empresa. Essas empresas respeitam profundamente o indivíduo e reconhecem todos os seus direitos humanos. Elas não recrutam simplesmente um "braço" para o trabalho específico, mas uma "pessoa" que irá acompanhar o desenvolvimento da empresa pelo maior tempo possível, hoje numa posição, amanhã em outra, e assim por diante. Esse valor dado a cada um dos empregados faz com que todos "vistam a camisa da empresa".

5 – HÁ UMA "FILOSOFIA EMPRESARIAL" POR DETRÁS DO SIMPLES TRABALHO

Essas empresas de alto padrão, de alta lucratividade, de alto sucesso no mundo inteiro, sabem que o ser humano é um animal complexo e que para produzir necessita de algo mais que o simples salário. O ser humano precisa saber "o porquê" daquilo que está fazendo. É necessário que haja uma verdadeira "filosofia" por detrás do cotidiano da empresa e que dê o verdadeiro SENTIDO do trabalho. Só assim o ser humano consegue produzir e dar tudo de si.

6 – MANTÊM-SE DENTRO DO NEGÓCIO DE QUE ENTENDEM

Outra característica das empresas de alto desempenho e sucesso é que elas se mantêm dentro dos limites do que entendem, ou seja, elas não entram num negócio que não conhecem, simplesmente pelo desejo de ganhar mais. Elas INVESTEM NO PRÓPRIO NEGÓCIO e não ficam pulverizando recursos, tempo e dedicação em vários negócios em que não são especializadas. Elas reconhecem que sem uma dedicação e recursos completos, uma empresa não cresce e que em primeiro lugar está o crescimento da própria empresa para que ela se solidifique no mercado.

7 – ADMINISTRAÇÃO SIMPLES E EQUIPES DIRIGENTES PEQUENAS

Outra característica encontrada em todas as empresas de alto padrão é a sua "elegante simplicidade". Essas empresas, por maiores que sejam, não têm assessores sobrando, nem um número infindável de diretorias cuja função fica difícil até de definir. Elas têm uma forma de administrar simples, direta, objetiva, sem complicações, e são empresas acima de tudo enxutas, com pouca gente, somente o necessário para dar a "linha fundamental" da empresa.

8 – SÃO AO MESMO TEMPO CENTRALIZADAS E DESCENTRALIZADAS

Essas empresas são altamente centralizadas no que diz respeito ao "essencial" e altamente descentralizadas no que se refere ao "acidental". Assim, com relação à filosofia básica da empresa, em relação ao atendimento ao cliente e outros aspectos econômicos essenciais, elas são centralizadas. Nos demais aspectos são descentralizadas totalmente.

Essas revelações não são feitas para que discordemos delas ou concordemos com elas. São dados de PESQUISA e DEMONSTRAM O SEGREDO DAS EMPRESAS DE SUCESSO no mundo inteiro. Essas pesquisas fizeram com que o mundo dos negócios parasse para REPENSAR a empresa como um todo. Na verdade, o que essas pesquisas nos revelam é a REVALORIZAÇÃO DO HOMEM NA EMPRESA. Assim, muito mais importante do que os recursos materiais e financeiros, a gestão dos RECURSOS HUMANOS é o que define uma empresa de sucesso.

Hoje, no mundo inteiro, esta pesquisa (O livro "In Search of Excellence") é "best-seller". E é imenso o número de seminários, simpósios, cursos que vêm sendo dados no Brasil e no exterior sobre todos os dados que ela nos revelou. Eu mesmo tenho dado um número incrível de seminários para empresários de todos os ramos, desde indústrias metalúrgicas até lojas de departamentos, sobre as revelações que esses estudos nos trouxeram.

E nos Estados Unidos, em 1983, um novo livro surgiu, chamado "The Next American Frontier" (A Próxima Fronteira Americana), de Robert Reich, que já discute as conseqüências dessas pesquisas para os EEUU. Nesse livro, espetacular, Reich nos diz que desde o aparecimento dessas pesquisas, os EEUU não serão mais o mesmo! Diz ele que "todas as empresas têm a obrigação e o dever de repensar profunda e seriamente a sua atuação..."

E basta olharmos para a nossa empresa brasileira, cujo tempo médio de vida é de somente 10 anos (!), para descobrirmos a razão de nossa ausência de sucesso empresarial. E quando encontramos empresas brasileiras de sucesso, podemos fazer uma análise e verificaremos que elas obtiveram sucesso dentro desses mesmos parâmetros citados e revelados pela pesquisa de Waterman & Peters.

A tristeza da maioria de nossas empresas é que fazemos tudo ou quase tudo ao contrário do que nos ensina a receita para o sucesso. Assim, ao invés de respeitarmos o cliente, afastamo-lo de nossa empresa. O cliente para nós tornou-se uma "maldita amolação," como dizia Lew Young, editor-chefe da "Business Week",a maior revista americana de assuntos empresariais. Ao invés de nos preocuparmos em como servi-lo melhor, preocupamo-nos em como tirar dele mais um pouco. São raríssimos os lugares em que um cliente é realmente bem tratado a ponto de ter sua atenção chamada pela qualidade desse atendimento.

Com relação ao empregado, a grande maioria das empresas brasileiras trata-o como simples mão-de-obra, não se preocupando devidamente com o seu "desenvolvimento", com o seu crescimento. A IBM gastou 12% de seu lucro operacional de 1982 em treinamento de pessoal! Seu lucro foi de 4,4 bilhões de dólares e ela gastou mais de 500 milhões de dólares em treinamento de pessoal. E esse valor representa quase 2% do faturamento geral da empresa. Daí o sucesso da IBM, segundo seu próprio presidente.

A valorização do empregado, fazendo com que ele se sinta parte integrante da empresa, é a tônica principal também das empresas japonesas de sucesso. Envolver a família do empregado em seu sucesso, trazer o seu círculo familiar para dentro da empresa no sentido de que todos participem de sua vida empresarial, é hoje fundamental.

Da mesma maneira, temos que ter uma "filosofia empresarial" clara para que todas as atividades e ações de nossa empresa sejam moldadas e pautadas por essa "filosofia" e todos os empregados sintam-se seguros e até possam orgulhar-se de nossa empresa. Essa "filosofia" é que vai formar a "cultura empresarial" e que vai fazer com que a nossa empresa seja diferente de nossa concorrente. E temos que constantemente "treinar" o nosso pessoal nessa "filosofia" e não simplesmente "adestrar" os nossos funcionários em "funções" e tarefas específicas. O ser humano, para produzir, exige mais que o simples adestramento.

E assim, como todas as empresas sérias do mundo, temos agora a ocasião certa para REPENSAR nossas atividades e redefini-las em função dessas novas descobertas que para muitos parecerão óbvias, mas para a grande maioria é uma novidade difícil de acreditar.

E é justamente em época de crise que o mundo se preocupou em saber como essas grandes empresas de sucesso agem, conseguindo passar limpas e soberanas pelos tempos de dificuldade. E as lições estão aí para que delas nos aproveitemos.

A sugestão que eu poderia dar neste capítulo é a de que o corpo diretivo e gerencial da empresa se reúna e procure descobrir quais as características que a empresa já possui e quais as características que deveria possuir para vencer as dificuldades e tornar-se definitivamente uma empresa de sucesso, uma empresa "excelente", uma empresa, enfim, de alto padrão. Em seguida, mãos à obra. É SEMPRE TEMPO DE MUDAR!

APROVEITE AGORA, POIS O MUNDO INTEIRO ESTÁ MUDANDO!

DETALHE A SUA ADMINISTRAÇÃO

Iremos abordar, neste capítulo, aspectos muito importantes do trabalho, seja ele qual for. Trata-se do cuidado com os "**detalhes**" na execução de nossa ação gerencial.

Você pode verificar que todas as vezes que ficamos satisfeitos com algum serviço que nos foi prestado em algum lugar, seja ele qual for, como um restaurante, um hotel, uma padaria, sempre a razão de nossa satisfação está diretamente ligada aos **detalhes** do serviço que nos foi prestado. Ficamos satisfeitos quando **ALÉM DO SERVIÇO, EM SI, SER DE BOA QUALIDADE**, o "**ATENDIMENTO**" é rico em detalhes e o próprio serviço foi **DETALHADAMENTE** bem-feito.

Assim, num restaurante, por exemplo, quando o garçom ou "maître" nos atende bem, com um sorriso e providencia logo a cadeira alta para nossas crianças, um garfinho, uma colherinha etc., ficamos "**sensibilizados**" pela cortesia e pelo atendimento.

Se a comida vier boa, melhor ainda. Todo o quadro perfeito está montado. Quando o próprio garçom, verificando que a carne está mal passada demais ou o feijão frio, ele próprio pede licença e retorna à cozinha para passar melhor o bife ou trocar o feijão por um mais quente, saímos elogiando **O RESTAURANTE** e também o "garçom" ou o "maître".Saímos dizendo que **"O RESTAURANTE É UM ESPETÁCULO"**.

Note bem: tudo o que houve, foi a preocupação com a "**riqueza dos detalhes**" no atendimento. Note que não basta que a comida esteja boa. É preciso que o atendimento seja bom, também.

Muitos de nós confundimos estas duas coisas. Uma coisa é o serviço ser feito com perfeição, e é o que chamamos de **eficiência.** Outra coisa é o cliente sair satisfeito, e é o que chamamos de **eficácia**!

A **eficácia** exige que o serviço, em si, tenha sido feito com eficiência, mas não basta! É preciso cuidar-se dos **detalhes** na execução para que o **cliente** se sinta realmente satisfeito.

Essa preocupação com os **detalhes** foi esquecida por muitos de nós. Hoje, com a correria em que vivemos, passamos a achar que o "**MACRO**", o maior, o todo é o mais importante. E nos esquecemos de que um "**todo**" é feito pelas suas **partes** e essas partes têm que ser perfeitas para que o "**todo**" seja perfeito.

Esse "**REQUINTE NOS DETALHES**" numa oficina, por exemplo, significa fazer com que o mecânico preste atenção para não deixar os bancos sujos, o volante sujo, para prestar atenção em todos os detalhes na execução do trabalho, de apertar um parafuso que ele encontrou solto em local próximo à peça em que ele estava trabalhando e assim por diante. O cliente deve "**sentir**" que o seu veículo foi tratado com carinho e atenção em detalhes.

Da mesma forma, o "**requinte nos detalhes**" significa o que nós já falamos e que envolve o "**REQUINTE NO ATENDIMENTO AO CLIENTE**". A verdade é que todos nós gostamos de ser tratados de maneira **personalizada**, isto é, **individualizada**. O que isto significa é que queremos ser tratados como "**Pessoas**" e como "**Indivíduos**" e não como números e com tratamentos "**frios**". Todos nós, como clientes, queremos ser ouvidos pelos nossos prestadores de serviço.

Como sugestão para que tal "**ATENÇÃO AOS DETALHES**" seja conseguida pelo seu pessoal, sugiro que Você Gerente, Chefe, Diretor, reúna os seus funcionários e comece a conversar com eles sobre o valor dos detalhes com relação aos serviços de que eles se servem como clientes. Faça-os relacionar a satisfação que sentem como clientes com a satisfação que devemos dar ao nosso cliente. Faça com que seu pessoal lembre o "**valor profissional**" que dá a alguém que atende bem e que faz o trabalho bem-feito. Faça com que eles projetem para o cliente essa opinião que será a que os clientes terão de cada um deles, se fizerem um trabalho perfeito. Procure valorizar cada um de seus funcionários junto aos clientes. Procure informar sempre ao cliente qual foi o pessoal que trabalhou no caso dele, não para culpar de possíveis erros, mas para valorizar a pessoa do funcionário e para que ele sinta a importância do trabalho bem-feito em termos de riqueza de detalhes. E o "**ser humano**" precisa fazer as coisas bem-feitas para poder sentir-se orgulhoso de si próprio. E o homem só é feliz quando sente orgulho do que faz, orgulho de si próprio. É claro que não estamos falando do orgulho "**bobo**", do orgulho que nos faz pensar que somos mais do que outros, mas sim do orgulho de sermos capazes de fazer as coisas perfeitas e do orgulho em sabermos que as pessoas reconhecem o nosso valor profissional. Esse orgulho é absolutamente necessário para que o homem cresça a cada dia e tire de sua vida o câncer da rotina.

E aqui vai outro conselho de amigo para Você que é Gerente, Chefe ou Diretor.

Não tenha medo ou constrangimento de ser chefe, isto é, de supervisionar e de cobrar seus subordinados para que eles sejam constantemente "**estimulados**" a fazer um trabalho cada vez mais perfeito e rico **em detalhes**.

Tenho encontrado muitos chefes que têm uma certa "**vergonha**" ou "**constrangimento**" de exercer na sua plenitude a função de chefia. É o chefe quem constantemente deve exigir de seus subordinados a constante melhoria do padrão de serviços. Essa exigência, no entanto, deve ser feita dentro das mais modernas técnicas de chefia que incluem, principalmente, **o reforço positivo**, isto é, **elogiar** o que o subordinado faz de bom, de tal maneira que ele se sinta recompensado cada vez que fizer alguma coisa boa. A velha tática de "**meter o pau**" a todo instante, "**xingar**", ameaçar, esbravejar, é coisa do passado. Comprovadamente não funciona como esperávamos que funcionasse. Basta o gerente sair de perto do empregado e ele se vingará do gerente fazendo alguma coisa de errado que o gerente não conseguirá detectar, uma vez que não é "**super-homem**".

Com a maneira **adequada** e **positiva**, o gerente não deve deixar passar nenhum erro, nenhum descaso, nenhum exemplo de desrespeito ao cliente. O subordinado tem que sentir que o gerente se preocupa com o trabalho que ele desenvolve. Nada é pior para um empregado do que não ter um chefe que acompanhe e que exija um serviço bem-feito.

Quando acontece isso, o empregado vai ficando"**relaxado**" e desprestigiado e o seu trabalho vai caindo de nível. **Por isso, lembre-se de que o seu primeiro "cliente" é o seu subordinado, com quem Você deve se preocupar para que ele faça sempre um trabalho cada vez mais perfeito para agradar, cada vez mais, o cliente, que é, por sua vez, o motivo principal de qualquer empresa.**

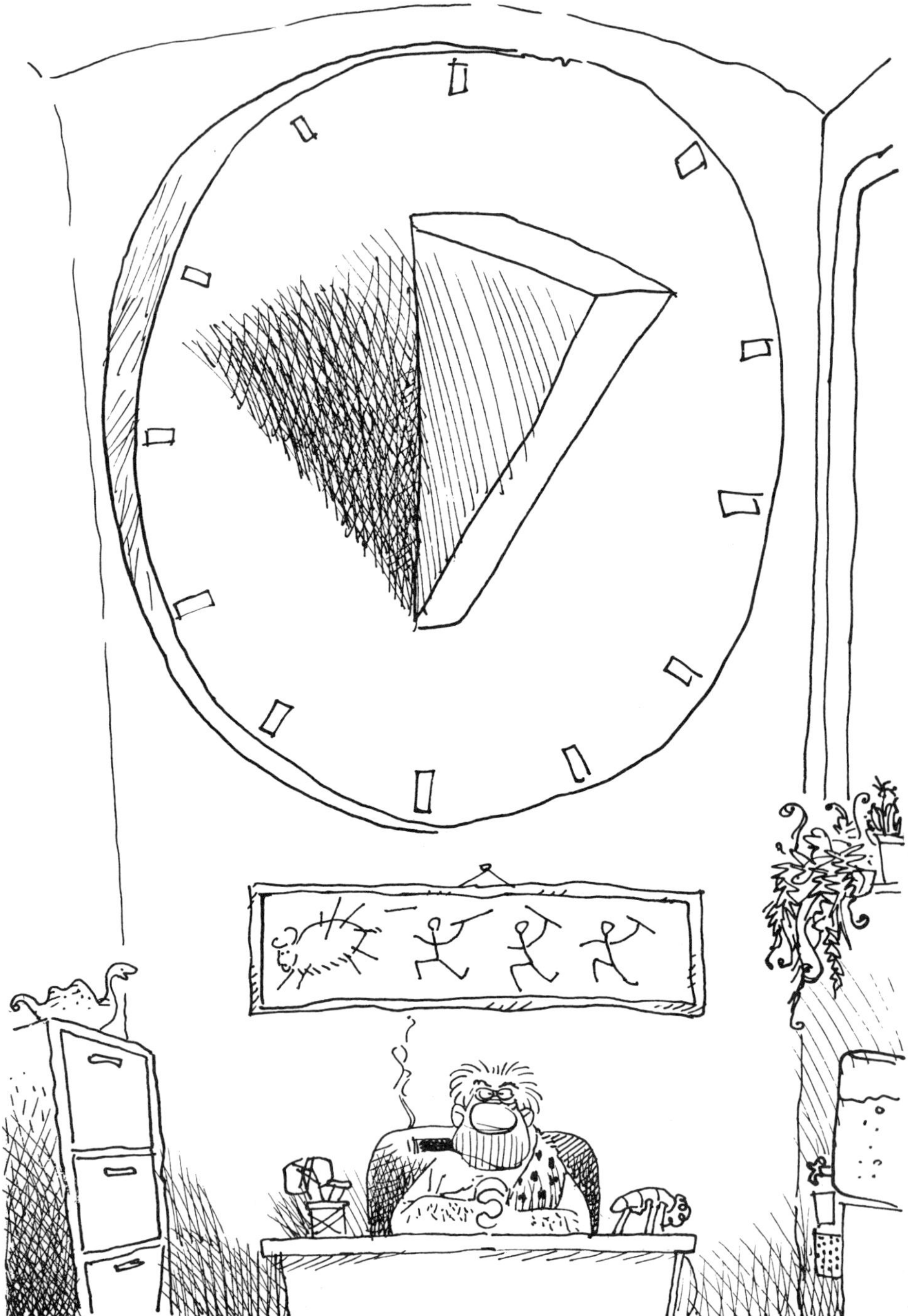

“NÃO DÁ TEMPO!”

Um dos problemas mais cruciais que enfrentamos em nosso trabalho de gerência é a *ORGANIZAÇÃO DO TEMPO.*

Podemos notar que raramente temos tempo de sobra e sempre estamos atrasados com os nossos afazeres, nossos serviços. Quando olhamos para as coisas que queremos fazer e lembramos das idéias que já tivemos logo pensamos: "*– E tempo??*" E assim logo nos desanimamos de implementar inovações que nós mesmos achamos necessárias em nosso trabalho e que deveriam ser feitas mesmo.

Sabemos que é importante fazer visitas para incrementar o nosso sistema de vendas, entrando em contato com novos clientes que às vezes não compram de nós porque são mal-informados de preços, condições etc. Mas logo nos vem à mente a grande questão: "*– Quando terei tempo para fazer tudo isso?*"

E assim o tempo vai passando e a gente acaba não fazendo as coisas realmente essenciais de nosso trabalho e até de nossa vida. *"NÃO DÁ TEMPO!!!"*

É claro que se somos ocupados, não somos, por certo, as pessoas mais ocupadas do mundo. Os grandes homens de negócio, os grandes estadistas, enfim, muita gente tem muito mais coisas a fazer do que nós. E a verdade é que o dia tem 24 horas para todo mundo.

A coisa mais importante para a programação de nosso tempo é decidirmos, inicialmente, algumas coisas fundamentais a respeito de nossa vida e de nosso trabalho. Vamos, neste capítulo, discutir isso, cuidadosamente.

Tudo o que fizermos na vida, poderemos classificar entre *ESSENCIAL, IMPORTANTE E ACIDENTAL,* frente aos nossos objetivos maiores. Esses objetivos são os objetivos de nossa ***VIDA*** como um todo e nossos objetivos em nosso trabalho, por exemplo.

Assim, todos nós temos que *SABER,* com certa clareza, o que queremos da vida e o que queremos de nossa vida profissional, de nosso trabalho. Esses são os *OBJETIVOS,* que poderão ser a curto, médio e longo prazos.

E tudo o que fizermos, deve ser em *DIREÇÃO AO OBJETIVO* que determinamos.

Embora isto possa parecer um pouco complicado, de fato, não é. Vejamos, por exemplo, uma pessoa que tenha como objetivo pessoal de sua vida, ter uma família feliz, satisfeita, com um certo conforto material etc. Todas as coisas que essa pessoa fizer, deverão *CONTRIBUIR* sempre para esse objetivo.

Assim, ao passear com sua família, ele está auxiliando a obtenção de seu objetivo. Ficar no bar com amigos, jogando truco a noite toda, por certo irá contrariamente ao objetivo e assim por diante. A fixação dos objetivos é a primeira tarefa de toda a pessoa. E essa fixação vai sofrendo mudanças com o passar dos anos, mas sempre temos que ter nossos objetivos claros em nossa mente.

Uma vez definidos os objetivos dentro de nossa vida em geral, família, trabalho, grupo de amigos etc. temos que compatibilizar nossas ações com esses objetivos. Assim, como o nosso tempo é sempre curto, temos que fazer somente as coisas *ESSENCIAIS,* isto é, aquelas que mais colaboram, naquele momento, para que atinjamos o nosso objetivo determinado.

Fica claro que não podemos fazer tudo e que nem devemos desperdiçar nosso tempo pulverizando ações que não levem diretamente ao nosso objetivo determinado.

Essa *SELEÇÃO* das coisas que devemos fazer *"agora"* ou ***"imediatamente já"*** e as coisas que devemos deixar para depois é que constitui, na verdade, o segredo da *ORGANIZAÇÃO DO TEMPO.* Há técnicas que prevêem milagres de organização do tempo, mas elas nunca funcionam sem que a pessoa defina, primeiro, o que *QUER.*

Assim, todas as coisas, nós dizíamos, podem ser classificadas, frente aos nossos objetivos, de

ESSENCIAIS,

IMPORTANTES E

ACIDENTAIS.

ESSENCIAL é aquilo que eu *DEVO* fazer em primeiro lugar, "*imediatamente já*". Não posso esperar. Não posso deixar para depois. É a coisa que, naquele momento, mais me levará em direção ao meu objetivo.

IMPORTANTE é aquilo que eu *DEVO* fazer, depois que eu já tiver feito o que eu havia considerado Essencial. Importante é a segunda coisa que devo fazer. Ela contribuirá muito para meu objetivo, mas antes, devo fazer o Essencial.

ACIDENTAL é aquilo que eu só *DEVO* fazer depois que eu tiver feito o que eu havia considerado Essencial e Importante. É o que eu devo fazer em terceiro lugar.

Filosoficamente falando, todas as coisas terão o seu momento de realização. Assim, determinada coisa que hoje eu classifico como Acidental, poderá amanhã ou depois ser a coisa mais Essencial a fazer. Por isso, o verbo é sempre *"dever"* e não *"poder"*. Eu devo fazer, só que em ocasião propícia, oportuna, frente aos meus objetivos.

Seria bom eu dar um exemplo. Embora ele seja um pouco vulgar demais, ele explica bem, apesar de simplisticamente, essa hierarquia. Trata-se da vontade de ir ao banheiro. Ela passa pelas três fases, muito rapidamente: primeiro, sabemos que estamos com desejo de ir ao banheiro, mas a *"vontade"* ainda não é muito forte e portanto podemos fazer outras coisas antes. A vontade ainda é Acidental. Um tempo depois, a barriga começa a *"roncar"* e a vontade vai se tornando importante. Já nessa fase, procuramos saber *"onde fica o banheiro"*. Há, entretanto, um momento, em que a vontade de ir ao banheiro é uma *EXIGÊNCIA ESSENCIAL,* isto é, temos que parar com tudo o que estivermos fazendo e devemos *"correr para o banheiro!!"*

E em tudo na vida,mesmo que não forçados por uma exigência fisiológica, mas sim filosófica, devemos agir e pensar em termos de *ESSENCIAL, IMPORTANTE E ACIDENTAL.*

A verdade é que perdemos grande parte do nosso precioso tempo com coisas *ACIDENTAIS.*

Ficamos envolvidos com coisas sem a mínima importância frente ao nosso trabalho, enquanto as coisas realmente essenciais ficam sempre para depois. Daí reclamamos que o tempo não dá!!

E a verdade é que nós constantemente *FUGIMOS* do *ESSENCIAL!* Como nós sabemos que o Essencial é quase sempre o mais difícil, ou a coisa que mais exigirá coerência e dedicação, então fingimos que aquela determinada coisa não é, de fato, essencial e a tratamos como se fosse acidental, isto é, vamos deixando para depois. E aí nos envolvemos com tudo o que não é essencial nem importante e aí perdemos todo o nosso tempo!

Assim, para adquirirmos uma disciplina mental de organização racional do tempo, daremos a seguir algumas dicas:

1. Faça uma lista de todas as coisas que Você tem que fazer nos próximos dias. Essa lista chama-se, tecnicamente,de *"brain storm"* ou *"tempestade de idéias"*, e ela não deve ter ordem nenhuma. Vá simplesmente escrevendo tudo que Você lembrar que deve fazer. Não se preocupe com a ordem de importância dessas coisas.

2. Depois de ter feito o *"brain storm"* ou a lista, separe as coisas dessa lista por setores de sua vida, por exemplo:
   a) coisas de serviço;
   b) assuntos familiares;
   c) assuntos relativos a amigos;
   d) outras atividades que porventura Você tenha, como clubes etc.

3. Depois de classificados por setores, Você deverá *NUMERAR* cada item, por *ORDEM DE IMPORTÂNCIA*, começando do N.º 1 em todas as listas. O N.º 1 deve ser dado à coisa que Você classificar como *ESSENCIAL*, ou seja, aquilo que Você fará *"imediatamente já"*.

4. Agora, Você terá várias listas, com um item com N.º 1 em cada uma delas. Você deverá, agora, selecionar qual lista deverá usar em primeiro lugar. Geralmente, no trabalho, Você cumprirá as prioridades do trabalho, no clube, as prioridades do seu grupo de amigos etc. Mas não deixe de estabelecer a sua *PRIORIDADE*.

5. Agora, com essa lista de prioridades na mão, Você irá deixar as outras coisas *"acidentais"* de lado e irá concentrar-se apenas e tão somente no que for *ESSENCIAL* para os seus objetivos. Esse é o momento mais difícil, porque Você terá sempre a tentação, as dispersões, as pessoas, para atrapalharem Você! Mas seja firme e fixe-se em suas coisas *ESSENCIAIS* e vá em direção ao sucesso através da organização do seu tempo.

6. Agora que Você já decidiu seriamente o que é *ESSENCIAL,* não se esqueça de colocar isto em termos de *AGENDA.* É claro que não estou falando de usar uma agenda para enfeite como às vezes a gente vê. O que eu quero dizer é a necessidade de fazer uma *PROGRAMAÇÃO DIÁRIA E SEMANAL DO TEMPO,* colocando, todo o domingo à noite ou segunda-feira, o que será feito naquela semana,e todas as noites programando o que será feito no dia seguinte.
   Só assim uma pessoa é capaz de organizar-se,e de fazer com que seu dia *"renda"* e então poderá *"dar conta"* de suas obrigações que em nossos dias, são, de fato, múltiplas para todo mundo.

Uma vida organizada traz imensas vantagens para qualquer profissional e,na sua profissão, a organização, como Você sabe,é fundamental.

O CHEFE

PRECISA-SE DE UM CHEFE

Tenho notado um sério problema nas empresas brasileiras. Chefes fracos, moles, com baixo teor de exigência com relação a seus subordinados, estão desmotivando os empregados. Pode parecer incrível, mas o funcionário, o trabalhador, precisa ter um chefe exigente, que não deixe o nível de trabalho cair, que oriente, que ensine, que esteja atento, que seja um "super-visor" como o próprio nome significa.

O que parece estar ocorrendo é que os chefes atuais (gerentes, supervisores, encarregados etc.) estão tímidos no exercício inalienável de sua função de chefiar, comandar, coordenar, liderar. Vêem o erro e fingem não tê-lo visto. Constatam a desídia e cegam a própria consciência. Ora, é claro que o exercício da chefia traz encargos pesados e nem sempre agradáveis. Ser chefe não é só possuir os "louros" e os benefícios e vantagens de um salário maior. É também assumir o lado difícil de motivar pessoas, exigir produtividade, ensinar, treinar seus subordinados.

E é, também, agüentar as "caras feias", os "xingos surdos" e às vezes até as ameaças veladas dos menos dados ao trabalho, dos menos produtivos, dos que desejam um emprego e não um trabalho. Essa desídia no cumprimento das funções de chefiar está levando a uma profunda desmotivação entre os empregados. Não são poucos aqueles que vendo a completa ausência de reforço positivo pelo trabalho bem-feito e não-punição da negligência, desinteressam-se pelo auto-aperfeiçoamento e auto-exigência.

O ser humano precisa de desafios constantes que o levem a superar-se constantemente e precisa de modelos nos quais possa se espelhar. Os mais próximos modelos são os pais, professores, e chefes na evolução etária das pessoas. Na ausência de líderes, o homem se torna fraco, abúlico. Sem desafios, o homem se transforma num alcoólatra do ócio.

Mas ser chefe NÃO significa ser estúpido, grosso, mal-educado, desrespeitoso, bruto. Pelo contrário. As pesquisas têm demonstrado que os chefes mais RESPEITADOS e portanto obedecidos são os corteses, lhanos, calmos, porém FIRMES. E aqui também sou obrigado a constatar que tenho visto chefes que confundem firmeza com brutalidade e ficam absolutamente desmoralizados perante os subordinados.

É preciso reeditar aqueles chefes que eram respeitados, queridos, verdadeiros mestres, enfim, verdadeiros chefes.

O "PODER" É O DE MOTIVAR

Um dos mais importantes fatores de aprendizagem e de mudança de comportamento, segundo todos os psicólogos educacionais e especialistas, é a **motivação.** Na realidade, ninguém ensina nada a ninguém, já dizia W.R. WEES em seu famoso *"Nobody can teach anyone anything"* (EEUU, Belmont/Tower, 1971). As próprias pessoas, **se motivadas,** é que realizam o processo de aprendizagem que se exterioriza sob a forma de **mudança comportamental.**

O que, na realidade, estamos querendo afirmar é que de nada adianta "**ensinarmos**" se não houver "**aprendizagem**", isto é, se não houver mudança comportamental.

Todo processo de aprendizagem é pois um processo de auto-aprendizagem, no fundo.

Assim, a **motivação** para a mudança comportamental é essencial. E assim, a mais importante tarefa do gerente é **motivar seus subordinados.**

E como é que se motiva alguém a fazer alguma coisa?

Aqui entra toda uma teoria comportamentalista ou "behaviorista" que nos ensina que uma pessoa tende a repetir um comportamento que lhe tenha trazido satisfação de uma ou mais de suas necessidades básicas.

Essas necessidades básicas são as de projeção social, afeto, alimentação, reconhecimento do grupo social envolvente, estabilidade financeira etc.

A pessoa dirige sua vida para a satisfação de suas necessidades, que são os "objetivos" da vida. Quando as barreiras que nos são antepostas à satisfação de nossas necessidades são muito fortes, há uma dispersão de energia que se transforma em regressão, angústia etc., se o comportamento for de **fuga** ou agressão, sob as mais variadas formas, ou racionalização, se o comportamento for de enfrentamento negativo. Assim, muitas vezes, o subordinado agride, ou foge, por não ter os instrumentos necessários e por não estar, portanto, apto a desempenhar uma tarefa dele exigida. Essa instrumentação, é claro, é **interna**, isto é, refere-se aos conhecimentos necessários, à argumentação que o convença a si próprio de sua competência.

Via de regra, o funcionário tem verdadeiro "horror" de se qualificar como "incompetente" e somente sabendo quais as verdadeiras razões de um comportamento é que poderemos modelá-lo ou empreender uma ação científica para modificá-lo.

O que os behavioristas dizem é que devemos **reforçar** os comportamentos **positivos** e não reforçar os comportamentos negativos. Assim, todas as vezes que um funcionário emitir um comportamento **positivo** com relação ao seu trabalho ou com relação à empresa como um todo, ele deve receber um **reforço** (positivo), seja um elogio, um prêmio, uma coisa qualquer que faça com que ele realize alguma de suas necessidades, seja de afeto, de bens materiais, de reconhecimento do grupo etc.

A teoria do **reforço**, muito utilizada e discutida, vem ao encontro da situação real que encontramos no relacionamento entre o Gerente e os subordinados. Cada vez menos o Gerente possui "**poder**" sobre o funcionário, isto é, poder para puni-lo ou dispensá-lo discricionariamente, pois não é seu patrão, mas "apenas" chefe. Na verdade, ele tem que utilizar-se dos melhores meios para **conquistá-lo.**

Muitas pessoas e até mesmo gerentes podem pensar que essa ausência de poder sobre os subordinados seja um aspecto negativo. Com toda a convicção eu afirmo que isto é um aspecto muito positivo. Graças a essa ausência de poder, o Gerente tem a oportunidade de **trabalhar** com o seu subordinado como todo o **chefe** deveria fazer, isto é, **motivando-o** a fazer algo ao invés de **puni-lo** por não ter feito. Garanto que se os gerentes tivessem maior poder sobre os subordinados haveria um grande "turnover" de pessoal, pois ao invés de empreenderem o esforço da motivação, fariam dispensa. Muito mais fácil!

E é por isso que há hoje tanta rotatividade de pessoal nas empresas. Ninguém quer perder tempo em treinar, motivar os empregados. Gastam muito tempo e dinheiro em recrutar um novo empregado que logo será dispensado, num ciclo interminável.

Não tendo poder sobre os subordinados, o Gerente tem que conhecer muito mais profundamente "seus" subordinados. Tem que conhecer os motivos íntimos de cada um. Tem que conhecer, em cada um, quais os **reforços** que satisfarão suas reais necessidades e quais as reais punições. Deve conhecer e com muita profundidade cada um dos funcionários para poder trabalhar na formação de cada um deles de maneira absolutamente individual e personalizadamente, pois o que é **reforço** para um poderá ser **punição** para outro.

E vamos deixar bem claro que segundo todas as pesquisas realizadas pela psicologia, as pessoas dão muito mais valor a atitudes não-materiais de reforço do que a prêmios materiais, desde que esses reforços não-materiais sejam realmente aqueles que atendam às reais necessidades da pessoa em questão.

Assim, o que o Gerente fala, como ele age com cada funcionário, deve ser cuidadosamente estudado. O resultado será, sem dúvida, incrível.

Há também algo que devemos lembrar. O reforço a um comportamento positivo deve ser dado, se possível, **imediatamente após** o comportamento haver sido emitido.

Isto quer dizer que, sempre que possível, o Gerente deve elogiar, dar prêmios, enfim, reforçar o comportamento do funcionário, logo em seguida ao ato realizado. Se não for possível ser imediatamente após, deve ser logo na primeira visita, ou por telefone, telex, telegrama etc. O reconhecimento imediato é altamente positivo.

Quanto aos aspectos negativos, eles devem ser claramente colocados pelo Gerente. Faça esta colocação sem rodeios, sem grandes escândalos e de maneira muito séria. Demonstre que o erro do seu funcionário é "constrangedor" para você, gerente. Faça uma grande diferença no tratar aspectos negativos e positivos, dando ênfase aos positivos. Este "feedback" aos comportamentos positivos fará com que cada um dos funcionários, de maneira distinta e pessoal, passe a considerá-lo como um verdadeiro amigo, líder "de fato", como todos os "chefes" deveriam ser.

Experimente, você verá que vai dar certo!

APRENDENDO A ADMINISTRAR COM AS DONAS-DE-CASA

O que eu gostaria de discutir neste capítulo é alguma coisa sobre "**administração**" que está sempre muito próximo de nós, como exemplo para ser seguido, e que nós, homens, não enxergamos e o que é pior, não gostamos muito de enxergar.

Já há algum tempo, estou fazendo, juntamente com meus alunos de universidade, uma pequena pesquisa junto às donas-de-casa, para saber como elas "**administram**" suas casas e quais conceitos teóricos e práticos elas utilizam para conseguir os seus objetivos. Sempre tive curiosidade de saber como é o relacionamento de uma dona-de-casa com a escassez de "**suprimentos**", com a racionalização do tempo e com a sua "**empregada**" do ponto de vista administrativo e comparar esses tipos de relacionamento com a relação "empresa/empregado" nas chamadas "**empresas dos homens**".

Confesso que os resultados que obtive e ainda venho obtendo nessa pequena pesquisa são absolutamente surpreendentes! As donas-de-casa parecem estar mais próximas da administração ideal do que nós administradores.

Assim, discutirei um pouco dessas descobertas neste capítulo. Vamos ver o que Você, que trabalha na empresa do mundo masculino, acha disto tudo!

Em primeiro lugar, e antes de entrarmos diretamente no assunto, quero que Você saiba que uma pesquisa deste tipo tem sempre caráter GENÉRICO, isto é, pode não representar a totalidade das donas-de-casa, nem a universalidade do comportamento delas. O que quero dizer é que deve haver muita dona-de-casa que não aja da maneira como a pesquisa teoricamente revelou. Porém, os dados nos mostraram que a grande maioria pensa e age como tentaremos descrever.

Em épocas de dificuldade, de crise, quando temos que reassumir a nossa empresa com toda a vitalidade e força e mais do que isso com otimismo, podemos nos valer do estudo de uma "**dona-de-casa**" tradicional e ver como ela age, e tentar ver que lições podemos aprender da maneira como ela "**administra**" o seu lar ou a sua casa, na verdade, uma pequena "**empresa**".

A primeira coisa que uma dona-de-casa faz é "**administrar a escassez**". Assim, a primeira premissa dela é "**NÃO DESPERDIÇAR**". Veja quanta coisa uma dona-de-casa faz com a "**sobra**" de um dia, no dia seguinte. Ela nunca faz alguma coisa nova na cozinha sem antes olhar dentro da geladeira para ver o que "**sobrou de ontem**"... Com isso, ela toma uma atitude absolutamente racional em relação ao "**suprimento**" de sua empresa.

Há livros e mais livros que ensinam a "**aproveitar as sobras**" e mesmo que eles não fossem tão utilizados, toda a dona-de-casa utiliza-se de uma grande racionalidade no uso das "**sobras**". Quando não dá para utilizar, ela geralmente dá aquela sobra para a empregada levar ou para alguém, ou transforma-a em "**comida de cachorro**" ou alguma coisa assim. Nunca vai para o lixo!

Outra descoberta, surpreendente, com relação à racionalização do "**suprimento**" é a seguinte: A dona-de-casa compra um frasco grande de detergente, dilui metade desse frasco com água, coloca no frasco antigo e guarda a metade para próxima utilização. E quando compra frascos da chamada "**embalagem industrial**", nunca deixa essa embalagem à disposição da empregada. As donas-de-casa dizem que "quando a empregada vê que tem muito, gasta demais, sem necessidade..."

E assim, com quase tudo, a dona-de-casa tem extremo critério, que muitas vezes, segundo elas próprias, os maridos não compreendem taxando-as de "pão-duras".

Mas, o mais surpreendente de tudo é com relação ao "**TREINAMENTO DA EMPREGADA**". Se há algo que deveríamos aprender com a dona-de-casa é sua praticidade e objetividade no "**treinamento**".

Quando entra uma empregada nova, a primeira coisa que a "**patroa**" faz é dizer exatamente e da maneira mais clara e objetiva, como ela gosta que o serviço seja feito, nos mínimos detalhes. Segundo o depoimento de uma dona-de-casa, "**é na primeira conversa que Você deve dizer tudo. E é a conversa que mais vale. O que Você não disser no primeiro dia, vai ter dificuldades em dizer depois, quando pegou amizade**". Dizer do que a patroa gosta e do que ela não gosta, comparando empregadas antigas com o que espera da nova funcionária, é fundamental, dizem as donas-de-casa.

Além disso, a "**patroa**" nunca pressupõe que a empregada já saiba alguma coisa. Ela ensina tudo, absolutamente tudo, do jeito que ela quer, "**daqui para a frente**" e quando a empregada diz: "**– Mas na outra casa eu fazia diferente...**" a patroa logo responde: "**– É, mas aqui eu gosto desse jeito, está bem?**" E assim, toda a ansiedade é tirada logo de cara, pois a empregada começa a saber claramente o que se espera dela no novo emprego.

As ordens mais complicadas são dadas aos poucos. A própria patroa diz: "**Para não confundir você, eu vou dizendo aos poucos como eu quero que limpe os vidros, encere a área etc.**". E as atividades que se repetem por semana são geralmente colocadas por escrito, atrás do armário de vassouras, de maneira bem didática e clara:

- 2ª feira: limpar os vidros e os tapetes;
- 3ª feira: lavar as janelas e lavar os banheiros;
- 4ª feira: molhar as plantas do jardim;
- 5ª feira: ....
- 6ª feira: ....
- Etc. etc.

Dia por dia, é esclarecido o que deve ser feito e qualquer mudança será feita mediante ordem expressa da patroa...

Mas, interessantíssimo é quando a dona-de-casa resolve ensinar a empregada a cozinhar. Vamos logo esclarecer que "**cozinhar**" é uma das tarefas mais complexas de uma "empresa/casa/lar", pois além da dificuldade das ações, em si, envolve a necessidade de aprovação daqueles que irão saborear, posteriormente, o almoço ou jantar.

A dona-de-casa logo cedo fala para a empregada:
"**– Bom, fulana, agora vou ensinar você a fazer uma comida de que nós gostamos aqui em casa. A primeira delas é peixe, pois meu marido é louco por peixe e as crianças também gostam. Vamos até à feira (ou super mercado ou peixaria) porque quero apresentar você ao Sr. Fulano que é quem me atende, para que ele conheça você e você saiba como eu gosto que seja o peixe**".

E lá vão as duas para a peixaria ou para a feira.

Lá chegando, ela apresenta a empregada, e vai escolhendo o peixe **JUNTO COM** a empregada e faz com que ela "**ponha o dedo e aperte o peixe**" para que saiba, sem nenhuma dúvida, como é que ela (patroa) gosta do peixe.

De volta para casa, com o peixe, a patroa vai mostrando como é que ela gosta que limpe o peixe. Limpa um pedaço e faz a empregada limpar o outro.

E vai, pouco a pouco, **PASSO A PASSO**, ensinando a sua empregada a fazer "o **peixe de que seu marido gosta**".

Garanto que ninguém nunca viu uma patroa, ao desejar ensinar a sua empregada a fazer peixe, dar a ela o livro da Dona Benta e deixá-la sentada numa sala, lendo o livro... Toda dona-de-casa sabe que não é assim que se ensina um empregado a fazer alguma coisa. Toda patroa sabe que um empregado se ensina passo a passo e com poucos conceitos muito práticos.

Outra coisa que tenho certeza que ninguém viu, é uma patroa ensinando, no mesmo dia, peixe, frango, filé à cubana e lombo para a sua empregada. Qualquer dona-de-casa sabe que deve ensinar **UMA COISA DE CADA VEZ**, pois,do contrário, a empregada irá embaralhar tudo em sua cabeça, porque é "**nova no emprego**",como elas mesmas dizem.

Outra coisa realmente espetacular que as patroas fazem em sua maioria, e essas são as "**patroas de sucesso**" que conseguem prender uma empregada por inúmeros anos, é o **REFORÇO POSITIVO** com a empregada.

Repare que a patroa sempre toma muito cuidado em "**chamar a atenção**" da empregada, principalmente na frente dos outros. Ela sempre prefere "**elogiar o arroz**" que ficou bom do que "**recriminar a torta que saiu muito pesada**". A recriminação ela fará depois, na cozinha, na verdade **ENSINANDO A EMPREGADA ONDE FOI QUE ELA ERROU, E O QUE NA VERDADE ACONTECEU** para que a torta não saísse "**tão boa...**"

Esses reforços, a patroa faz para não magoar a empregada e "**de medo que ela saia...**". Assim, as patroas também, na sua maioria, prezam muito a empregada e desejam mantê-la sempre, pois sabem o quanto é ruim ficar "**trocando de empregada o tempo todo**". A dona-de-casa, portanto, conhece muito bem as desvantagens de um elevado "**turnover**" ou de uma elevada "**rotatividade**"...

E para manter a empregada no emprego, a patroa dá algumas folgas a mais, dá vestidos, dá uma gorjeta não esperada por alguma coisa que ela (empregada) tenha feito de excepcional etc.

Segundo muitas donas-de-casa, os maridos não compreendem o seu relacionamento com a empregada e classificam as patroas de "**bobas da empregada**". Segundo os maridos, a patroa deve "**mandar e acabou**". Mas a esposa (patroa) sabe que não é assim que se consegue um bom desempenho da empregada e prefere passar por "**boba**" para o seu marido.

Quando é aniversário da empregada, a patroa sempre dá um jeito de comprar um presentinho, de fazer ou comprar um bolinho, enfim, de comemorar de alguma forma, de dar um dinheirinho a mais etc. O mesmo às vezes acontece nos aniversários dos filhos da empregada... E isso deixa os maridos loucos... Acham um "**investimento**" desnecessário, pois afinal "**já pagamos o salário**"...

A verdade, no entanto, segundo as mais modernas teorias da administração de negócios é que as donas-de-casa parecem estar mais perto da **ADMINISTRAÇÃO EFICAZ** do que nós homens, tidos como "**empresários**" e "**sabichões**".

Na verdade, são poucas as empresas que "**dizem claramente**" a seus empregados o que se espera deles. Poucas são as empresas que "**apresentam o novo empregado aos demais e à própria estrutura organizacional da empresa**". Normalmente o empregado tem que "**se achar por si próprio**". Poucas são as empresas que fazem uma "**integração**" do empregado nos seus primeiros dias de trabalho.

Da mesma forma, as ordens são dadas de maneira muito confusa. São poucas as empresas que colocam de maneira clara e concisa "**as tarefas**" para o empregado. Dizem apenas que ele irá "**trabalhar de recepcionista**", por exemplo, e que com o tempo "**vai pegando o jeito...**". Isto gera uma tremenda ansiedade no novo empregado!

Da mesma forma, os treinamentos são feitos da maneira mais absurda possível, com raras e honrosas exceções. Damos um monte de papel para que o novo empregado leia! Seria como se a dona-de-casa desse a coleção de livros de receitas para a empregada para que ela lesse durante dois dias e depois a jogasse numa cozinha e dissesse a ela: **"– Bom, agora que Você já leu todas as receitas, pode começar a fazer um lombo a canadense..."**. É claro que ela não irá fazer!

Da mesma forma, o nosso vendedor não irá vender simplesmente porque demos a ele para ler umas apostilas e manuais de vendas de nossos produtos. Da mesma forma a nossa telefonista não vai atender bem os clientes, simplesmente porque a Cia. Telefônica a treinou sobre como funciona o **PABX**!

Outra coisa raríssima nas empresas é a valorização dos aspectos "**individuais ou pessoais**" do empregado,como aniversários, aniversários dos filhos, o nascimento de um filho, a mudança de casa etc., ou seja, **CONQUISTAS INDIVIDUAIS**.
A empresa parece que faz questão de "**não tomar conhecimento**" dessas coisas, como se a vida particular fosse outra vida, na vida do empregado. E isso é comprovadamente errado! Ninguém consegue trabalhar e produzir com um filho no hospital.

A alegria e orgulho de um empregado quando seu filho passa no vestibular e entra numa faculdade tem que ser "**escondida**" da empresa ao invés de ser "**capitalizada**" pela empresa. Isso as donas-de-casa sabem fazer, e muito bem!

E assim, muitos são os aspectos da administração moderna que podemos aprender, **PRESTANDO MAIS ATENÇÃO ÀS COISAS SIMPLES, HUMANAS, OBJETIVAS E CLARAS.**

A administração moderna é a favor da simplicidade de sistemas e métodos e é pela total valorização do ser humano como o capital mais importante de uma empresa. Na administração de materiais, o combate ao desperdício, a plena utilização das "**sobras**", a simplicidade nos controles, a objetividade nas cobranças e nos relatórios, a utilização da contabilidade para fins gerenciais, devem ser a nossa meta, tal qual faz uma dona-de-casa, às vezes sem saber que "**administra e gerencia**" tão bem sua "**empresa**".

E, não podemos nos esquecer, a empresa deve voltar-se para cada um dos funcionários, cada um dos homens e mulheres, enfim, para as **PESSOAS** que a compõem. É a melhor receita para o sucesso nos negócios.

Converse com sua mulher...

ADMINISTRAR, HOJE

Se há algo complexo nos dias atuais, é a tarefa de **administrar**.

Administrar exige uma série de atributos pessoais do administrador e um suporte administrativo sério, descomplicado e eficaz. São tantas as teorias e propostas científicas a nível de administração que as pessoas que desejam saber um pouco mais sobre como, de fato, administrar melhor, quase sempre ficam perdidas em um emaranhado de teorias, fluxogramas, cronogramas, organogramas etc. e quase sempre continuam administrando mal, não sabendo o que fazer de sua gerência e com seus problemas mais próximos, mais reais e às vezes inadiáveis.

A solução, então, é fazer um curso de administração. Mas via de regra, os cursos são tão complexos, tão distantes da realidade do pequeno e médio administrador da empresa real, que pouco auxiliam e muito atrapalham. Conselhos aparecem: "o negócio é ter bom senso", dizem uns, já descrentes de tanta teoria e pouca eficácia.

Certa vez, um administrador de empresas me disse que em sua sala não cabia mais nenhum certificado de curso sequer. E essa é uma triste realidade, principalmente com o administrador de uma empresa média, que tem poucos elementos realmente qualificados, que tem que fazer com que o time todo "vista a camisa" e trabalhe o tempo todo, todos fazendo de tudo-um-pouco para que o lucro seja razoável para todos, os salários sejam compatíveis com os compromissos pessoais dos membros da pequena equipe etc.

O desafio da administração moderna é justamente este: o excesso de informações genéricas, de muitas teorias novas que são realmente boas, mas desenvolvidas para uma determinada situação. Lá ela deu certo. Não significa que tenha que ser universalmente boa! E de teorias, de técnicas, de novidade em novidade, o administrador vai se perdendo.

O nosso dicionário "Aurélio", define de forma espetacular o que é TÉCNICA:

Técnica. S.f. 1......., 2. Maneira, jeito ou habilidade especial de executar ou fazer algo". (p. 1360)

ADMINISTRAR É UMA TÉCNICA baseada em conhecimentos e princípios científicos. Existem tantas técnicas de administração quantas forem as situações em que um problema deva ser resolvido.

Uma empresa pequena ou média, uma filial, uma divisão, um setor, são na realidade um conjunto de pessoas que buscam os mesmos objetivos comuns. Administrar é conseguir com que esse grupo trabalhe harmonicamente, cada um dando tudo de si, para a consecução dos objetivos do grupo, o objetivo social da empresa.

Administrar é motivar. É trabalhar com homens que são diferentes entre si, mas unidos nos objetivos sociais de uma empresa.

Novamente o dicionário brasileiro "Aurélio" nos diz o que é EMPRESA:

Empresa. (ê) S.f. 1. Aquilo que se empreende; empreendimento: "Apesar dos obstáculos não desistiu da empresa".

E a palavra EMPREENDER significa:

Empreender. V.t.d. 1. Deliberar-se a praticar, propor-se, tentar (empresa laboriosa e difícil). 2. Pôr em execução.

E assim, em última análise, uma EMPRESA é uma VONTADE, posta em prática na forma jurídica específica.

A função do administrador, então, é manter acesa a chama da vontade inicial ou modificada pelo consenso, fazendo com que o grupo de pessoas que compõem a empresa **ponha em execução** aquele desejo, realizando-o, para o bem comum.

Ao mesmo tempo em que é simples, administrar exige conhecimentos específicos dentro da simplicidade.

Neste capítulo, pretendemos analisar alguns aspectos que consideramos importantes e que quase nunca são tratados por compêndios de administração, talvez porque os grandes especialistas julguem o que vamos aqui expor simples demais, fácil demais. Nós, porém, acreditamos que neste conjunto de conselhos está inserida a proposta de uma administração eficaz.

SER CHEFE, SER LÍDER

Outra vez estamos diante de um problema: são inúmeras as definições de LÍDER. Todos os livros apontam discussões imensas, propõem definições as mais diversas, ensinam técnicas as mais variadas para fazer de uma pessoa, um líder. Todos nós já tentamos, ao menos uma vez na vida, seguir alguns desses conselhos. Algumas vezes, de início, parece que as coisas vão melhorar. Temos a impressão mesmo de que estamos nos tornando líderes. Logo a pressão do cotidiano nos faz esquecer os conselhos "enlatados" e ficamos novamente à mercê do dia-a-dia e de volta à rotina.

É claro que ser CHEFE não significa ser líder. Chefe é o chefe, isto é, aquele que tem o direito de mandar (e nem sempre manda). Líder é aquele que convence o grupo a andar, mesmo não sendo o chefe. Tem certas coisas que não precisam de definição. Todos nós e qualquer pessoa sabe quem é o chefe. E qualquer pessoa sabe quem é o líder. Quando essas duas qualidades ou atributos pessoais estão reunidos numa mesma pessoa, então, ÓTIMO! Temos um chefe-líder. Isto é o ideal.

E por mais que digam o contrário, não há nenhuma fórmula mágica para SER LÍDER, de uma hora para outra. Ninguém nasce líder, assim como ninguém nasce chefe. Às vezes as pessoas são promovidas porque eram líderes nas funções em que estavam. Basta que sejam promovidas e deixam de exercer liderança no grupo. Às vezes, o líder é aquele que mais entende do assunto "em pauta". Os conhecimentos dele são tão grandes que ele "domina," ou lidera, tranqüilamente aquela determinada situação. Mas o líder poderá ser um que não seja o que mais entende do assunto, mas ser o "mais aberto" ou o mais disposto a entender, a participar, a discutir, a correr riscos etc... Há uma característica comum a quase todos os líderes de fato, isto é, líderes autênticos. Eles não têm medo da liderança alheia! O líder autêntico sabe passar a bola para que o outro marque o gol desde que o outro esteja melhor colocado que ele próprio. Ele sabe que sua liderança não depende de pequenas coisas e sabe que ser líder é saber promover os seus companheiros. Às vezes nós pensamos que o líder é o "falante", é o "farrista". Podemos estar totalmente enganados. Esses poderão ser apenas falantes e farristas e a liderança real ser exercida pelo mais quieto e introvertido membro do grupo. Assim, fica visto que não há receita mágica para a fabricação de um líder.

Ele só existe quando há a espontaneidade dos membros do grupo em segui-lo, ouvi-lo. Na liderança não há imposição.

SABER OUVIR

Uma das principais características positivas da chefia é SABER OUVIR. Ouça com atenção. Respeite as pessoas que estão falando com você.

Mesmo porque não ouvir com atenção é desperdício de tempo. Explico por que: você está ali, naquele local. A pessoa está à sua frente, falando. Se você não ouvir, você também não estará fazendo outra coisa, uma vez que essa pessoa está à sua frente.

Sua vida toda, tudo o que você fez, estudou, é, enfim, resume-se em ouvir a pessoa que está falando com você na hora em que ela está falando com você e não na hora em que ela não está. A nossa vida é composta de segundos, minutos e horas. Se você não concentrar TODA A SUA INTELIGÊNCIA E VONTADE no momento presente em que você está vivendo, você estará morto naquele momento da sua vida, que nunca mais voltará. E a única diferença fundamental entre os demais animais e o homem é a nossa capacidade de PENSAR, DISCERNIR (inteligência) e AGIR, OPTAR (vontade). Só vive aquele que concentra toda a sua inteligência e vontade no momento presente. E se num determinado momento alguém quiser falar-lhe, sua VIDA resume-se em ouvi-lo atentamente!

Ademais, um chefe que só fala e não ouve fica embutido na própria ignorância dos fatos, das coisas que se passam por dentro de sua empresa. Todos nós conhecemos a figura de um chefe que nunca está disposto a ouvir. Depois de algum tempo, não encontrará nenhum subordinado disposto a lhe falar. Todos já sabem que ele não ouve!

SABER FALAR

Falar também é importante. Não se trata de saber fazer discursos. Isto poderá às vezes ser também necessário. Trata-se, isto sim, de saber O QUE FALAR. Isto é, não falar asneiras ou bobagens sem conhecimento prévio do que está falando.

O saber falar está intimamente ligado ao saber ouvir. O chefe que ouve tem condições de falar sobre os assuntos de forma moderada, com conhecimento das coisas. Nada é pior do que um chefe que,por desejo de falar, mete-se a falar do serviço dos outros,de que ele não entende, nunca fez e não tem sequer idéia de como se faz. Isto é realmente triste. E é o que tem mais! Procure saber, antes de falar! Se existir alguém que saiba mais que você, deixe que ele fale. Você nunca ficará diminuído se souber promover quem sabe. E quem sabe, ficará satisfeito em ver que você reconheceu nele o que lhe é devido e o apoiará em sua chefia, cada vez mais.

Elogie! Não seja dos tipos de chefes que demonstram a todo momento a sua insegurança, procurando defeito nos trabalhos de todos os subordinados para dizer que "é o bom".

Dê "feedbacks" positivos. Ressalte o que está bom e aponte o que poderia ser melhor. Não menospreze o subordinado na frente de qualquer pessoa, seja ela quem for.

Quando falar em público, faça menção das pessoas que colaboraram para o êxito de um determinado trabalho e fale a verdade, isto é: "que se não fossem eles o trabalho não seria feito" uma vez que você pouco fez diretamente para a execução do serviço.

Não se despreze demais! Saiba seu verdadeiro lugar. Mostre e demonstre segurança em sua chefia. Para tanto, ACOMPANHE os trabalhos, saiba de tudo, não em todos os detalhes, mas nos aspectos essenciais da operação.

Não se mostre desesperado quando seus subordinados lhe contarem alguma coisa de terrível que aconteceu. Isto fará com que das próximas vezes você seja poupado de saber das coisas ruins.

Demonstre calma e entenda que de fato tudo isto pode acontecer mesmo. Depois tome as providências (ou imediatamente, se for o caso), mas com firmeza, segurança e CALMA! Chefe histérico é a pior coisa que existe!

Fale sempre direta e sinceramente, sem muitos rodeios e palavrório com o qual não está acostumado. Não seja metido! Lembre-se que o mundo vira!

A ORGANIZAÇÃO

Seja organizado em sua chefia.

Ninguém gosta de trabalhar de forma bagunçada. Acostume-se a verificar se as ordens e orientações que você costuma dar não são contraditórias e muitas vezes foco de tensão e ansiedade. Tente perceber se você não tem o costume de pedir as coisas para "ontem", não percebendo que as pessoas vivem hoje e que há certas coisas que só servem para irritar as pessoas, uma vez que são, de fato, impossíveis. Há chefes que gostam de "despejar" ordens sobre seus subordinados para mostrar a eles que são ocupados, importantes e têm muitas coisas na cabeça ao mesmo tempo. Acostume-se a colocar-se no lugar de seu subordinado antes de cobrar dele coisas impossíveis.

Verifique as condições de trabalho do pessoal que trabalha com você. Veja se não estão todos de fato mal acomodados, com coisas estragadas, máquinas quebradas, ambientes sujos, sanitários fedidos, café horrível, água quente para beber, cadeiras bambas etc. A produção exige ambiente propício! Lembre-se que a primeira coisa que você fez (ou quis fazer) foi "ajeitar" sua sala que até você chama de "gabinete do chefe"! Basta lembrar isso e você dará razão para muitas reclamações que você, agora que está "por cima", acha que são impertinentes e até exageradas. Não perca a SENSIBILIDADE de subordinado para exercer bem a sua chefia!

Você, que tem mais experiência que seus subordinados, ajude-os a organizar melhor seus próprios trabalhos, ensine-os a fazer fluxogramas, cronogramas e discuta com eles as vantagens de um trabalho organizado. Não mande desnecessariamente! Se você já sabe que o seu subordinado NÃO É CAPAZ de fazer determinado serviço da maneira como você deseja, NÃO O MANDE FAZER. Ou ensine-o antes! Muito chefe é realmente sádico: manda um fulano fazer uma coisa que nunca fez. Não diz como fazer, não fala nada e quer que tudo saia perfeito. E quando sai quase-perfeito, aponta logo os defeitos! Assuma uma chefia adulta, e não "jogue" com seus subordinados e com a capacidade profissional deles. Eles jamais o perdoarão.

AS REUNIÕES

Não tenha medo de reuniões. Perca o medo delas, acostumando-se a fazer reuniões para saber do andamento dos trabalhos e ELOGIANDO o que estiver bom. Deixe para fazer as críticas pessoalmente a cada um após a reunião. Com o tempo, o clima "pesado" das reuniões desaparecerá e então você poderá ir dosando a necessidade de algumas tomadas de novas posições com elogios, fazendo com que as reuniões se tornem menos emocionais e mais eficazes.

Não faça reunião desnecessária. Se não tem assunto, não faça reunião. Ou faça, de propósito, uma reunião "bate-papo" de vez em quando. Fingir que uma reunião é importante, sem ter assunto que preste, é uma lástima!

Nunca menospreze algum subordinado em reunião na frente de seus iguais. Se você já sabe que alguma coisa não anda bem, cuide dela antes da reunião, no momento em que souber, mas não espere uma reunião para "virar a mesa". **Só faça críticas duras, ou mesmo elogios, em reunião, quando estiver muito seguro do que está falando.**

Promova reuniões amenas, tranqüilas, abertas. Tenha sempre café, água e algumas bolachinhas para que todos "belisquem" durante a reunião. Isto ajuda a deixar o clima mais descontraído. Aproveite os momentos pós-reunião onde as pessoas realmente falam o que pensam, uma vez que a ata já foi encerrada. Depois da reunião, fique mais alguns minutos conversando informalmente com seu pessoal para saber o que eles realmente pensam.

De vez em quando, promova uma reunião tipo jantar, onde a descontração falará mais alto. É preciso,porém, que VOCÊ TAMBÉM FIQUE DESCONTRAÍDO. Do contrário todos perceberão que é uma "reunião" disfarçada de "confraternização". Nunca responsabilize alguém pelo que falou num jantar desses. Lá deve ser "território livre" onde tudo pode. É o melhor sensor que existe.

PLANOS E PROJETOS

Coloque sua equipe a par de seus planos. Mesmo que eles ainda não estejam totalmente definidos. É claro que o bom senso imporá restrições, mas sempre que possível coloque seu pessoal a par de suas idéias com relação ao futuro da empresa, do mercado etc. Isto dará segurança a todos. Quando a sua idéia estiver melhor elaborada, passe num pré-projeto e coloque para críticas de seu "staff". Teste a sensibilidade do grupo a novas idéias e à abertura de novas frentes de trabalho.

Acostume-se a DEFINIR O QUE QUER REALMENTE. Estabeleça METAS FÍSICAS. Dê a conhecer o quanto você espera de sua equipe. Só com esta segurança, poderão dar tudo de si, sem angústias. Quando for preciso, ou sentir que é o momento, MUDE DE DIREÇÃO. Mas não se esqueça de avisar o grupo e de explicar os motivos, isto dará segurança ainda maior em você mesmo. Faça de sua equipe um grupo de caçadores, todos caçando um mesmo animal, cada um com sua arma, com suas habilidades e com suas capacidades e potencialidades pessoais. Faça toda a equipe vibrar com cada "tiro" certo. Faça sempre com que todos saibam o que a equipe espera de cada um na caçada.

Elabore cronogramas e dê conhecimento a todos do desenvolvimento das etapas. Faça fluxos visivelmente compreensíveis para que todos acompanhem. Nos projetos mais importantes e interdepartamentais, promova reuniões separadas por áreas específicas e **faça com que todos saiam com tarefas específicas de cada reunião** para que o projeto como um todo não falhe. Divida as tarefas e funções de acordo com as capacidades de cada um e suas peculiaridades. Faça com que todos se sintam "donos" do projeto.

O SUBORDINADO COMO PESSOA

Acostume-se a olhar para o seu subordinado como uma pessoa. Conheça e procure conhecer cada vez mais as angústias pessoais, seus problemas, seus anseios. Lembre que cada pessoa tem uma aspiração na vida e que todas as pessoas são diferentes. Uns querem ficar milionários, outros querem apenas uma vida familiar pacata, sossegada e remediada. Uns aceitam correr riscos para vencer, outros preferem a segurança de uma vida um pouco mais medíocre. O seu subordinado, enfim, é uma pessoa. Antes de exigir-lhe horas extras em demasia e trabalhos estafantes, lembre-se de que ele tem uma família que não tem culpa de nada e que deseja tê-lo consigo nas suas horas de lazer.

Procure conhecer a família, a mulher, os filhos de seus subordinados. Incentive a participação da família, principalmente da esposa, nos destinos principais da empresa, para que ela possa compreender e daí auxiliar o marido (ou vice-versa) em seu trabalho e principalmente na disposição para vencer o desafio que a empresa lhe apresenta. Promova uma imagem familiar da empresa, fazendo com que familiares sejam bem-vindos para visitas esporádicas ao seu empregado. Receba-os com cordialidade. Isto é um fator extremo de permanência no trabalho. Respeite a individualidade de cada membro de sua equipe.

Lembre que você deixa de ser o "patrão" nos assuntos particulares. Oriente, escute, opine, se interesse, mas cuidado para não se intrometer a ponto de tornar-se um "superego" da vida privada das pessoas.

A empresa é a própria vida. Passamos mais tempo no trabalho que em nossas casas. O chefe que conseguir fazer do ambiente de trabalho um ambiente acolhedor, sadio, alegre, motivador, terá conseguido o que os livros tanto buscam definir.

Terá conseguido uma administração perfeita. Conseguirá colaboradores eficazes. Terá uma empresa onde todos "vestem a camisa" do líder que, neste caso, será, afortunadamente, para todos, **"O CHEFE"!**

Impressão e acabamento
Cromosete
GRÁFICA E EDITORA LTDA.
Rua Uhland, 307 - Vila Ema
Cep: 03283-000 - São Paulo - SP
Tel/Fax: 011 6104-1176